Aperitivos

Iguarias saborosas

V&R
EDITORAS

Sumário

Aperitivos

DELICIOSAS IGUARIAS DE SUA PRÓPRIA COZINHA!

Aperitivos, tira-gostos, cortesia da cozinha, tentações culinárias, zakuski, mezze, tapas, petiscos, verrines, amostras e cortesia do chef são alguns termos usados para descrever um prelúdio sedutor e sensual para a refeição principal. Um cartão de visitas gastronômico, se preferir. Obras de arte culinárias diminutas, múltiplas e altamente sofisticadas, que definem o tom para o que a cozinha tem para oferecer. O que antes costumavam ser pequenas torradas simplesmente decoradas com coberturas salgadas evoluiu agora para uma combinação de diversos pratos que algumas vezes são usados como entradas. Refinamentos nas técnicas modernas têm levado o *amuse-bouche* a verdadeiras explosões de sabor, combinando elementos surpreendentes. Geralmente, os aperitivos são servidos em verrines, colheres ou outros recipientes pequenos, em um prato decorativo ou outra forma de apresentação.

Este livro contém uma grande variedade de receitas doces e salgadas de aperitivos. Por causa das pequenas quantidades normalmente utilizadas em cada prato, as receitas foram adaptadas para servir 8 porções. Obviamente, é possível preparar a metade, embora isso não torne o processo mais fácil.

APERITIVOS SALGADOS

Os aperitivos devem complementar o cardápio que será servido aos convidados. Assim, a apresentação é de grande importância! Eles oferecem, literalmente e figurativamente, a primeira impressão da refeição que se seguirá. Um aperitivo é pequeno, mas sofisticado! Visualmente atraente e com sabor irretocável. Em geral, eles são servidos em colheres ou garfos especiais, verrines, pratos ou pratinhos. Não sirva uma grande quantidade, não importa o quanto eles sejam deliciosos, pois isso pode influenciar o curso da refeição.

APERITIVOS DOCES

Os aperitivos costumavam ser servidos apenas como um prelúdio para o prato principal, mas hoje em dia eles também são servidos entre os vários pratos, a fim de gerar uma pausa, dando à cozinha mais tempo para preparar os subsequentes. Foi assim que se originou o aperitivo de sobremesa. Logo que o prato principal é servido, a correria desenfreada para preparar a sobremesa começa. Os aperitivos reduzem o tempo que os convidados têm que esperar pelo doce, e criam uma expectativa para a sobremesa. Há aperitivos salgados para sobremesa e, é claro, doces, além daqueles que combinam com o café.

As receitas deste livro são uma seleção modesta diante das incontáveis possibilidades existentes. Você logo estará entusiasmado a prepará-las e um novo mundo se abrirá. Divirta-se muito na cozinha!

Temaki

com salmão

INGREDIENTES PARA 8 PORÇÕES

¼ de abacate, descascado e fatiado longitudinalmente

suco de 1 limão-siciliano

4 folhas de nori (alga marinha), cortadas ao meio

200 g de arroz para sushi, cozido

¼ de pepino sem sementes, fatiado longitudinalmente

150 g de filé de salmão fresco, sem pele, fatiado longitudinalmente

folhas de shiso ou agrião

wasabi

PARA SERVIR

pratinhos ou verrines

PREPARO

Regue o abacate com o suco de limão. Coloque uma metade de nori na palma da mão, mantendo a superfície áspera voltada para cima. Cubra a parte esquerda da nori com o arroz para sushi. Faça um sulco no centro para os demais ingredientes e pincele com um pouco de wasabi. Coloque uma tira de pepino, uma fatia de abacate e outra de salmão no sulco e dobre o canto esquerdo da folha de nori sobre o recheio, criando uma extremidade pontuda. Enrole com os dedos, criando um cone. Pressione bem para selar e manter firme. Coloque em um verrine e decore com folhas de shiso ou agrião. Repita para fazer os demais temakis.

Bombom de foie gras
com pistaches triturados

INGREDIENTES PARA 8 PORÇÕES

200 g de *foie gras*
2 colheres de chá de armanhaque
uma pitada de gengibre em pó
sal e pimenta-do-reino moída na hora a gosto
50 g de pistache bem triturado
100 ml de caldo de carne concentrado
2 folhas de gelatina sem sabor

PARA DECORAR

ramos de agrião

PARA SERVIR

espetinhos decorativos para aperitivos

PREPARO

Passe o *foie gras* por uma peneira fina em uma tigela sobre gelo. Acrescente o armanhaque e o gengibre e misture até obter uma pasta homogênea. Tempere com o sal e a pimenta-do-reino. Coloque na geladeira e deixe firmar. Com um pegador de sorvete, faça bolas e insira os espetinhos. Passe cada bola sobre o pistache e deixe na geladeira até usar. Misture o caldo de carne com a gelatina até desmanchar. Deixe endurecer e depois corte em cubos. Divida-os entre as colheres para aperitivos e coloque as bolas de foie gras no centro. Decore com uma folha de agrião.

Salada de frutos do mar
em molho Pernod

INGREDIENTES PARA 8 PORÇÕES

75 g de camarões

50 g de mexilhões cozidos

75 g de caudas de lagostins, cozidas e descascadas

50 g de tentáculos de polvo pequenos, em óleo, cozidos

1 echalota bem picada

2 colheres de sopa de salsinha picada

1 tomate sem pele, sem sementes e em cubos

3 colheres de sopa de maionese

1 colher de sopa de creme de leite fresco

1 colher de sopa de Pernod

1 colher de sopa de ketchup

suco e raspas de 1 limão-siciliano

sal e pimenta-do-reino moída na hora a gosto

PARA SERVIR

pratinhos ou verrines

PREPARO

Misture os moluscos, a echalota, a salsinha e o tomate em uma tigela grande. Em outra tigela, bata a maionese, o creme de leite, o Pernod, o ketchup e o suco de limão-siciliano até formar uma pasta homogênea. Tempere com o sal e a pimenta-do-reino. Coloque os frutos do mar e o molho em pratinhos ou verrines e decore com pão ou grissinis e um ramo de salsinha. Para finalizar, polvilhe as raspas de limão-siciliano.

Flores de abobrinha fritas

INGREDIENTES PARA 8 PORÇÕES

200 ml de água

1 gema

225 g de farinha de trigo

uma pitada de pimenta-do-reino

uma pitada de sal

150 ml de água com gás

2 colheres de sopa de azeite de oliva

2 colheres de sopa de salsinha bem picada

12 flores de abobrinha

PARA SERVIR

verrines

PREPARO

Pré-aqueça uma fritadeira até a temperatura correta (aproximadamente 180°C). Misture a água, a gema, a farinha de trigo, a pimenta e o sal com um batedor de claras, até formar uma massa homogênea com a consistência de um iogurte. Acrescente a água com gás à mistura em um fio fino e lento, e então coloque o azeite. Finalmente, misture a salsinha. Mergulhe as flores de abobrinha na massa, uma de cada vez, e frite no óleo quente até dourar. Escorra completamente sobre papel-toalha e sirva ainda quentes.

Salada oriental

com gergelim preto e farelos de mandioca

INGREDIENTES PARA 16 PORÇÕES

50 g de cogumelos enoki aparados e cozidos
8 aspargos verdes pequenos cozidos
1 cebolinha cortada em anéis
50 g de cenoura cortada em tiras
40 g de macarrão de arroz cozido
30 g de brotos de bambu cozidos
50 ml de molho de peixe
50 ml de vinagre de arroz
30 g de açúcar ou mel
2 dentes de alho bem picados
½ pimenta dedo-de-moça picada
suco de 1 limão-siciliano

PARA DECORAR

2 colheres de chá de gergelim preto
2 colheres de sopa de chips de mandioca triturados
folhas de coentro fresco

PARA SERVIR

verrines ou colheres para aperitivos

PREPARO

Pique os aspargos e adicione os cogumelos, junto com a cebolinha, a cenoura, o macarrão e o broto de bambu. Para fazer o molho, junte os demais ingredientes e espalhe sobre a salada. Misture e coloque nas verrines. Polvilhe gergelim e os chips de mandioca. Decore com o coentro.

Rolinhos recheados

com tomate seco e pesto verde

INGREDIENTES PARA 8 PORÇÕES

8 fatias de pão de fôrma branco sem casca

2 colheres de sopa de tomates secos bem picados

8 colheres de sopa de pesto verde

2 colheres de sopa de queijo parmesão ralado

PARA DECORAR

50 g de rúcula

8 cunhas de tomates secos em conserva

PARA SERVIR

espetinhos decorativos e pratinhos

PREPARO

Com um rolo estique as fatias de pão. Espalhe os tomates secos picados e o pesto. Polvilhe o queijo parmesão. Enrole e envolva com filme plástico. Coloque na geladeira para firmar. Retire o plástico antes de servir. Corte os rolinhos recheados diagonalmente. Insira nos espetinhos e sirva em um recipiente pequeno. Decore com rúcula e tomates secos.

Guiozas recheados

com caranguejo

INGREDIENTES PARA 16 PORÇÕES

4 colheres de sopa de óleo de amendoim
2 colheres de sopa de coentro bem picado
1 colher de sopa de suco de limão
sal e pimenta-do-reino moída na hora a gosto
2 tomates sem pele, sem sementes e em cubos
100 g de carne de frango moída
100 g carne de caranguejo fresca, bem picada
1 echalota e 1 dente de alho, bem picados
1 colher de chá de molho de soja
1 colher de sopa de molho de pimenta agridoce
16 quadrados de massa para guioza com 5 x 5 cm
1 ovo ligeiramente batido
óleo vegetal

PARA SERVIR

recipientes pequenos ou colheres para aperitivos

PREPARO

Bata o óleo de amendoim, o coentro, o suco de limão, o sal e a pimenta no liquidificador. Acrescente os tomates e reserve. Misture a carne de frango e de caranguejo com a echalota, o alho, o molho de soja e o molho de pimenta. Tempere com sal e pimenta-do-reino. Espalhe a massa para guioza sobre uma superfície lisa e pincele o ovo batido. Coloque o recheio no centro da massa. Dobre e sele bem para que não vazem. Coloque na geladeira e deixe firmar. Aqueça o óleo e frite até ficarem dourados. Escorra sobre papel-toalha. Despeje um pouco do molho reservado em pequenos recipientes ou colheres para aperitivos e coloque os guiozas no centro.

Abobrinha grelhada
com erva-doce e lagostim

INGREDIENTES PARA
8 PORÇÕES

¼ de bulbo de erva-doce pequeno em cubos
¼ de abobrinha pequena fatiada
125 g de lagostim cozido e escorridos
2 gemas
1 colher de chá de mostarda
50 ml de vinagre
1 colher de chá de açúcar de confeiteiro
200 ml de óleo de girassol
sal e pimenta-do-reino moída na hora a gosto
1 colher de sopa de folhas de erva-doce bem picadas

PARA SERVIR

colheres para aperitivos

PREPARO

Cozinhe a erva-doce em água e sal, até ficar *al dente* e escorra. Grelhe a abobrinha dos dois lados em uma bistequeira, até dourar. Corte os lagostins em pedaços pequenos. Bata as gemas, a mostarda, o vinagre e o açúcar de confeiteiro com um mixer. Acrescente o óleo em fio até atingir a consistência de maionese. Tempere com sal e pimenta. Misture a erva-doce com o lagostim e adicione 1-2 colheres de sopa da maionese. Coloque a abobrinha nas colheres para aperitivos e sirva coberta com a salada de lagostim. Decore com folhas de erva-doce.

Mousse de enguia defumada
com limão

INGREDIENTES PARA 8 PORÇÕES

200 g de enguia defumada, em cubos

100 ml de creme de leite batido

sal e pimenta-do-reino moída na hora a gosto

raspas e suco de ½ limão-siciliano

1 colher de sopa de salsinha picada

1 fatia de pão de fôrma branco sem casca

PARA DECORAR

ramos de salsinha

PARA SERVIR

colheres para aperitivos ou tigelinhas

PREPARO

Bata os cubos de enguia, o creme de leite, o sal e a pimenta-do-reino em uma batedeira (não bata em excesso, caso contrário os ingredientes vão talhar). Acrescente o suco de limão e a salsinha e tempere com mais sal e pimenta-do-reino, se desejar. Mantenha refrigerado até usar.

Estique a fatia de pão usando um rolo para massas até ficar bem fina, e depois corte em cubos. Coloque os cubos de pão em um forno pré-aquecido a 100°C e deixe torrar ligeiramente. Verifique regularmente! Deixe esfriar e misture com as raspas de limão. Resfrie as colheres para aperitivos. Sirva a mousse de enguia nas colheres e polvilhe os pedaços de pão ou as raspas de limão. Decore com um ramo de salsinha.

Espetinhos de tomate-cereja

com crosta crocante

INGREDIENTES PARA 8 PORÇÕES

8 tomates-cereja

100 ml de azeite de oliva com tomilho, alho e salsinha

2 colheres de sopa de chips picantes

2 colheres de sopa de chips de camarão

2 colheres de sopa de cereal de milho com gergelim

2 colheres de sopa de chips tortilla

sal e pimenta-do-reino

PARA SERVIR

espetinhos de madeira, pratinhos ou colheres para aperitivos

PREPARO

Branqueie os tomates-cereja em água fervente e retire a pele. Coloque para marinar no azeite aromatizado. Triture separadamente os salgadinhos e o cereal em um processador de alimentos. Escorra os tomates e insira os espetinhos de madeira na parte de cima. Mergulhe os tomates nos salgadinhos e sirva em pratinhos ou nas colheres para aperitivos.

Cones crocantes

com salmão e ovas de salmão

INGREDIENTES PARA 8 PORÇÕES

8 folhas de massa filo com 10 x 10 cm

2 colheres de sopa de manteiga derretida

4 colheres de sopa de creme de leite fresco

1 colher de chá de purê de wasabi

1 colher de chá de mostarda

suco de limão-siciliano

sal e pimenta-do-reino moída na hora a gosto

200 g de salmão defumado, em cubos

4 colheres de chá de ovas de salmão

PARA DECORAR

ramos de salsinha fresca

PARA SERVIR

pequenos aramados, verrines ou suportes para cones

PREPARO

Pré-aqueça o forno a 200°C. Fatie as folhas de massa diagonalmente em triângulos. Pincele ligeiramente a manteiga derretida e dobre moldando um pequeno cone. Coloque sobre uma assadeira forrada com papel-manteiga. Asse até dourar e ficar crocante. Deixe esfriar. Misture o creme de leite fresco com o wasabi, a mostarda e duas gotas do suco de limão-siciliano até obter um molho homogêneo. Tempere com o sal e a pimenta. Acrescente o salmão em cubos e coloque esse recheio nos cones de massa. Decore com uma porção de ovas de salmão e um toque de salsinha. Coloque os cones de pé sobre um aramado, verrine ou suporte.

Sopa holandesa de camarão

INGREDIENTES PARA 8 PORÇÕES

250 ml de sopa de lagosta concentrada pronta
80 g de camarões cozidos e descascados
100 g de queijo parmesão ralado
folhas de tomilho fresco

PARA SERVIR

verrines

PREPARO

Aqueça a sopa de lagosta e adicione os camarões, deixando cozinhar por aproximadamente 1 minuto. Retire os camarões da sopa e divida entre as verrines.

Faça *wafers* de queijo dividindo-o em pequenas pilhas sobre papel-manteiga. Polvilhe o tomilho fresco e asse no forno pré-aquecido a 200°C. Guarde em um local fresco e seco até usar.

Aqueça a sopa antes de servir e bata ligeiramente com um mixer. Despeje a sopa nas verrines pré-aquecidas com os camarões. Decore com as *wafers* de queijo.

Ovos de codorna pochê
com salmão defumado

INGREDIENTES PARA 8 PORÇÕES

filme plástico para forrar as tigelinhas

1 colher de sopa de azeite de oliva

8 ovos de codorna

1 colher de chá de vinagre

1 vidro de sour cream

2 colheres de sopa de cebolinha-francesa bem picada

sal e pimenta-do-reino a gosto

100 g de salmão defumado

4 colheres de chá de ovas de salmão

PARA SERVIR

colheres para aperitivos

PREPARO

Forre 8 tigelinhas com filme plástico e pincele ligeiramente com o azeite. Com cuidado, quebre um ovo de codorna dentro de cada uma. Feche e sele o filme plástico. Leve um pouco de água e o vinagre ao fogo até ferver. Coloque os pacotinhos com ovos de codorna na água fervente e deixe endurecer por 1 minuto e meio (70°C). Retire da panela e esfrie em água fria. Retire o filme plástico cuidadosamente. Coloque os ovos pochê em um pouco de água ou caldo até usar. Misture o sour cream e a cebolinha--francesa até obter uma mistura homogênea. Tempere com o sal e a pimenta-do-reino. Pique o salmão bem fino e molde bolinhas. Coloque um pouco da mistura de sour cream na colher para aperitivo. Adicione uma bolinha de salmão e um ovo pochê ao lado. Decore com ovas de salmão e ramos de cebolinha-francesa.

Tostex de trufas

INGREDIENTES PARA 8 PORÇÕES

75 g de manteiga

trufas ou patê de trufas, cortadas na hora e bem picadas

sal marinho grosso e pimenta-do-reino moída na hora a gosto

4 fatias de pão de fôrma branco sem casca

PARA SERVIR

recipientes pequenos ou espetinhos

PREPARO

Bata ligeiramente a manteiga e acrescente as trufas ou o patê. Tempere com o sal e a pimenta-do-reino. Espalhe uma camada grossa de manteiga em duas fatias de pão. Faça um sanduíche juntando com a outra fatia. Pressione com firmeza. Enrole com filme plástico e deixe descansar na geladeira por toda a noite. Corte em pequenos triângulos e torre em uma sanduicheira ou frigideira. Sirva o mais quente possível em pratinhos ou espetinhos.

Caldo bovino

com cogumelos

INGREDIENTES PARA 8 PORÇÕES

250 ml de caldo de rabo bovino concentrado

50 g de cogumelos morel pequenos, hidratados em água morna ou caldo

30 g de cenoura, cortada em pequenas bolas

30 g de nabo, cortado em pequenas bolas

30 g de ervilhas frescas

4 folhas de massa folhada

1 ovo ligeiramente batido

1 colher de chá de gergelim

PARA SERVIR

tigelinhas refratárias para sopa

PREPARO

Aqueça o caldo de rabo bovino, e em seguida acrescente os cogumelos. Cozinhe por cerca de 15 minutos em fogo médio. Deixe a sopa esfriar. Cozinhe a cenoura e o nabo *al dente* em água com uma pitada de sal. Escorra, enxágue em água fria e misture com as ervilhas. Coloque nas tigelinhas de sopa. Passe o caldo por uma peneira fina e divida os cogumelos entre as tigelas. Encha cada uma até $^{2}/_{3}$ da altura com o caldo. Corte discos de massa folhada, cerca de 1 cm mais largos do que a borda das tigelas. Pincele ligeiramente um dos lados com o ovo batido e coloque sobre as tigelas. Pressione com firmeza para selar. Pincele a superfície da massa com o ovo batido e polvilhe o gergelim. Asse no forno a 200°C até dourar.

Bolas de queijo de cabra

com mel e trufas

INGREDIENTES PARA 8 PORÇÕES

100 g de queijo de cabra fresco

1 colher de sopa de mel

1 colher de sopa de salsa de trufa ou trufas frescas

sal e pimenta-do-reino moída na hora a gosto

8 minitorradas redondas (2 cm de diâmetro) feitas com pão de fôrma branco

PARA DECORAR

algumas folhas de alface-de-cordeiro

PARA SERVIR

colheres para aperitivos

PREPARO

Misture o queijo de cabra, o mel e as trufas em uma tigela até que tudo fique homogêneo e cremoso. Tempere com o sal e a pimenta-do-reino. Envolva o queijo com filme plástico e deixe que os sabores apurem na geladeira, por toda a noite. Molde o queijo do tamanho de bolinhas de gude e mantenha na geladeira até usar. Asse as minitorradas até dourarem no forno pré-aquecido a 200°C. Coloque as bolinhas de queijo por cima e leve de volta ao forno. Deixe secar completamente sobre papel-toalha. Sirva em colheres para aperitivos e decore com alface-de-cordeiro. Acrescente algumas lascas de trufas, se desejar. Sirva morno.

Panacota de coco e manga

com calda de toranja

INGREDIENTES PARA 8 PORÇÕES

1 colher de chá de manteiga

2 colheres de sopa de casca de laranja, em tiras bem finas

100 g de açúcar

40 ml de suco de toranja*

250 ml de leite de coco

50 g de açúcar

1 fava de baunilha aberta

4 folhas de gelatina demolhadas em água fria

150 ml de purê de manga

8 folhas de hortelã

*Pode ser substituída por laranja.

PARA SERVIR

pratinhos

PREPARO

Derreta a manteiga com a casca de laranja e o açúcar e deixe caramelizar. Solte o caramelo com o suco da toranja e deixe reduzir até se tornar uma calda. Deixe esfriar até usar. Leve ao fogo o leite de coco, o açúcar e a baunilha, até ferver. Retire a fava de baunilha, raspe as sementes e coloque a fava de volta no leite de coco. Esprema o excesso de água da gelatina, e misture as folhas ao leite junto com o purê de manga. Mexa bem. Despeje a mistura em tigelas pequenas, umedecidas com água. Deixe firmar por pelo menos 12 horas na geladeira. Vire as tigelas sobre os pratinhos. Regue as panacotas com a calda de toranja. Decore com as folhas de hortelã.

Minicrème brûlée
com gengibre

INGREDIENTES PARA 8 PORÇÕES

60 ml de creme de leite batido

40 ml de leite

20 g de gengibre picado

1 ½ gema

20 g de açúcar

açúcar para caramelizar

PARA SERVIR

recipientes refratários pequenos

PREPARO

Pré-aqueça o forno a 110°C. Leve o creme de leite, o leite e o gengibre picado ao fogo até ferver. Bata as gemas e o açúcar até formar bolhas. Acrescente delicadamente à mistura de creme de leite. Passe por uma peneira e divida entre os recipientes refratários. Asse o crème brûlée no forno até que a superfície esteja firme ao toque, mas com o meio ainda um pouco mole. Deixe esfriar e leve à geladeira por 2-3 horas. Polvilhe um pouco de açúcar. Caramelize com um maçarico culinário ou sob o grill. Incline os recipientes quando o açúcar começar a derreter. Isso irá criar uma camada fina e crocante quando a sobremesa esfriar.

Café gelado

com espuma de caramelo

INGREDIENTES PARA 8 PORÇÕES

2 xícaras de café espresso

2 colheres de chá de açúcar mascavo

1 colher de chá de manteiga

4 colheres de sopa de açúcar refinado

100 ml de água

200 ml de creme de leite batido

16 grãos de café cobertos com chocolate

PARA SERVIR

tigelinhas de vidro

PREPARO

Misture o café espresso com o açúcar mascavo e coloque no congelador. Mexa regularmente com um garfo até que a mistura adquira uma textura granulosa. Mantenha congelado até usar. Derreta a manteiga e o açúcar em uma panela de fundo grosso e deixe caramelizar ligeiramente. Solte o caramelo com a água e o creme de leite. Cozinhe em fogo brando até que o açúcar tenha dissolvido e o resultado seja uma deliciosa calda de caramelo. Coloque o café gelado nas tigelinhas de vidro. Bata a calda de caramelo com um mixer até ficar aerada e formar espuma, e coloque sobre o café. Decore com dois grãos de café cobertos com chocolate.

Sorbet de chá de rooibos

com tangerina e erva-cidreira

INGREDIENTES PARA 8 PORÇÕES

4 tangerinas pequenas

400 ml de água

4 ramos de erva-cidreira

2 colheres de sopa de mel

1 saquinho de chá de rooibos (chá vermelho)

8 folhas de erva-cidreira

PARA SERVIR

colheres para aperitivos ou pratinhos

PREPARO

Corte as tangerinas ao meio e retire a polpa. Guarde uma metade da casca para usar mais tarde. Leve a água, a polpa de tangerina, os ramos de erva-cidreira e o mel ao fogo até ferver. Retire do fogo, coloque o saquinho de chá e deixe em infusão por cerca de 10 minutos. Passe a mistura por um tecido de trama fina. Bata em uma sorveteira por 30 minutos. Você também pode congelar o chá, mas será necessário misturar regularmente para formar uma massa congelada homogênea. Coloque algumas colheradas dentro das cascas de tangerina e leve ao congelador até usar. Retire do congelador pouco antes de servir e decore com as folhas de erva-cidreira.

Tagliatelle de chocolate amargo

com mousse de chocolate branco

INGREDIENTES PARA 8 PORÇÕES

100 g de chocolate amargo bem picado

100 ml de água

50 g de açúcar

3 folhas de gelatina demolhadas em água fria

INGREDIENTES PARA A MOUSSE DE CHOCOLATE BRANCO

100 ml de creme de leite, batido até formar picos moles

2 colheres de chá de açúcar de baunilha

100 g de chocolate branco

2 colheres de chá de castanhas moídas

folhas de hortelã fresca

PARA SERVIR

colheres para aperitivos (resfriadas)

PREPARO

Misture o chocolate com a água e o açúcar e aqueça. Remova o excesso de água e dissolva as folhas de gelatina na mistura. Despeje sobre um prato liso. Deixe firmar por pelo menos 1 hora na geladeira. Corte tiras de 1 cm de largura. Mantenha resfriado até usar. Enquanto isso, bata o creme de leite com o açúcar de baunilha para formar uma massa semiamolecida. Derreta o chocolate branco em banho-maria e mexa até ficar homogêneo. Acrescente ao creme de leite mexendo delicadamente até incorporar. Leve à geladeira para firmar. Coloque o tagliatelle de chocolate amargo nas colheres para aperitivos resfriadas e adicione uma porção de mousse de chocolate branco. Polvilhe as castanhas e decore com as folhas de hortelã.

Edição: Flavia Lago
Editora-assistente: Marcia Alves
Texto e receitas: Leo van Mierlo, De Kwartiermakers; Francis van Arkel, NutriVisie
Fotografia: Peer van de Kruis, Vier/a studio; ImageBooks, arquivos de imagens
Tradução: Eni Rodrigues
Preparação: Elisa Martins
Revisão: Bia Nunes de Sousa
Layout e design: Studio ImageBooks
Diagramação: Juliana Pellegrini

Título original: *Amuses: smakelijke appetizers*

Rua Cel. Lisboa, 989 | Vila Mariana
CEP 04020-041 | São Paulo | SP
Tel.| Fax: (+55 11) 4612-2866
editoras@vreditoras.com.br

ISBN 978-85-7683-704-6

Impresso na China • Printed in China

Dados Internacionais de Catalogação na Publicação (CIP)
(Câmara Brasileira do Livro, SP, Brasil)

Aperitivos : iguarias saborosas / Leo van Mierlo, De Kawartiermakers, Francis van Arkel ; [traduzido por Eni Rodrigues]. -- São Paulo : Vergara & Riba Editoras, 2014.
Título original: Amuses : Smakelijke Appetizers.
ISBN 978-85-7683-704-6
1. Aperitivos 2. Entradas (Culinária) I. Mierlo, Leo van.
II. De Kwartiermakers.
III. Arkel, Francis van.
14-03516 CDD-641.812

Índices para catálogo sistemático:
1. Aperitivos : Receitas culinárias : Economia doméstica 641.812

Sua opinião é muito importante!
Mande um e-mail para
opiniao@vreditoras.com.br
com o título deste livro
no campo "Assunto".

Conheça-nos melhor em
vreditoras.com.br
facebook.com/vreditorasbr